# Técnicas y métodos de aprendizaje en los estudios

Cómo aprender más rápido, recordar mejor y sacar las mejores notas de forma relajada con estrategias de aprendizaje eficaces y una perfecta gestión del tiempo

Lukas Glaser

# CONTENIDO

# Qué puedes esperar de este libro

¿Estás a punto de empezar a estudiar y ya sientes una buena dosis de agobio a la vez que anticipación al pensar en ello? ¿Acabas de empezar y necesitas una guía sobre cómo equilibrar tus estudios y tu tiempo libre lo mejor posible? ¿Llevas mucho tiempo deseando empezar de nuevo porque el ciclo recurrente de motivación, procrastinación y aprendizaje estresante te está agotando? ¿Ya no sabes cuál es tu verdadero problema y cómo puedes abordarlo? No desesperes todavía, porque los conocimientos que se te imparten en este libro pueden dar un vuelco a todos tus estudios.

Este libro aborda paso a paso los problemas que se interponen entre tú y un mayor éxito en tus estudios. Empezando por tu perspectiva básica, la motivación y la procrastinación, aprenderás a construir una rutina que se adapte a ti y te proteja de un aprendizaje bulímico repentino. Las explicaciones sobre tu estructura interna y externa te ayudarán a filtrar y abordar tus dificultades de organización y gestión del tiempo. Los consejos sobre cómo aumentar tu atención en los cursos o trabajar más eficazmente por tu cuenta en casa te permitirán tener una rutina diaria equilibrada sin descuidar tus aficiones. Las estrategias para simplificar el aprendizaje y la reproducción de contenidos y trabajar eficientemente a través de los textos te proporcionan soluciones aplicables de forma concreta.

Por último, en este libro encontrarás un plan de diez puntos en el que puedes empezar a trabajar inmediatamente, y una lista de lecturas recomendadas si quieres profundizar en determinados temas. Al final, aprenderás que no necesariamente tienes que trabajar más, sino sobre todo ser más inteligente.

# Problemas habituales en la vida cotidiana de estudio

En la vida cotidiana de estudio puede haber muchos problemas, pero siempre surgen los mismos: falta de motivación, falta de organización, preparación caótica de los exámenes y dificultades para enfrentarse al material del curso. Por tanto, a continuación nos ocuparemos de la motivación y la procrastinación, la formación de estructuras y la gestión del tiempo, así como de diversas estrategias de trabajo y aprendizaje.

# POCA MOTIVACIÓN Y DEMASIADA PROCRASTINACIÓN

## Motivación

En el principio existía la motivación. O tal vez: ¿En el principio estaba el deseo de motivación? Ya has elegido la carrera, te has mudado a tu piso compartido y quizás ya tienes una idea aproximada de lo que puede venir después de la graduación. Lleno de ganas, te pones manos a la obra en el primer semestre, ¡y hay tanto por descubrir! El campus universitario, los formatos de los cursos, los profesores, los compañeros y, en definitiva, una nueva vida.

Pero poco a poco empiezan a aparecer pequeños signos de desgaste. Ya sea durante la preparación de los primeros exámenes o en los semestres posteriores, cada vez está más claro que esta nueva vida también conlleva una gran responsabilidad personal. Mientras que en la escuela había un horario fijo, se fijaban unos deberes claros y solías tener tiempo suficiente para quedar con los amigos o hacer otras actividades de ocio, ahora el trabajo de seguimiento no se hace solo, los compañeros de piso reclaman tu atención y hace tiempo que quieres volver a hacer deporte. ¿Quién tiene tiempo para textos adicionales, trabajo de seguimiento u horas de oficina?

Durante algunas semanas y meses más intentas hacer malabarismos con todo, y una y otra vez algunas bolas caen al suelo, hasta que finalmente te preguntas por qué estás luchando. Atrás han quedado la ilusión, la sed de conocimientos y la inspiradora idea de carrera. En su lugar hay ahora una rutina diaria en la que lo principal es trabajar y esperar que nada ni nadie se pierda. Entonces, ¿cómo se puede volver a encontrar la motivación del principio?

**Encuentra motivación**

Como ocurre con muchas otras cosas, el primer paso para salir de un punto muerto -sea cual sea- es el primer paso. Algo tiene que cambiar. ¿Pero qué? Eso es exactamente de lo que tienes que ser consciente. ¿Cómo te sientes cuando piensas en tus estudios? ¿Qué pensamiento te viene a la mente sobre el tiempo libre? No importa por dónde quieras empezar, intenta escucharte abierta y honestamente y presta atención a los primeros impulsos que te vengan. Por supuesto, también puedes hacerlo en una conversación con una persona cercana. También puedes anotar tus pensamientos y sentimientos por escrito, de forma ordenada o desordenada. Los mapas mentales también son útiles si tienes varias áreas problemáticas en mente.

Ahora se trata de actuar lo más rápidamente posible. Hasta este momento has tenido el hábito de una rutina y es humano que la ruptura con ella se encuentre con reticencias internas. Esto no se debe necesariamente a que no estés convencido de que algo debe cambiar, sino simplemente a que al cerebro humano le gustan los hábitos. En consecuencia, algo nuevo siempre implica un cierto esfuerzo. A veces apenas nos damos cuenta. Vemos una bonita película de danza, nos impresiona y nos apuntamos a una clase al día siguiente.

¿Por qué es tan fácil? Porque aquí la energía de activación vino a través de la inspiración. Es precisamente esta energía la que hay que conservar y utilizar reaccionando lo más rápidamente posible a uno de tus impulsos. Si no lo haces, es cada vez más probable que la idea de cambio se deslice cada vez más en el subconsciente y se convierta en las cosas que quizá debas hacer en algún momento cuando no tengas otra cosa que hacer en ese momento. Así que nunca

Por tanto: Escúchate, toma conciencia de lo que quieres hacer y actúa en consecuencia lo antes posible.

Hazlo lo más concreto posible. Por ejemplo, si notas que no sigues el ritmo en un seminario porque el profesor sigue basándose en conceptos de la literatura secundaria que desconoces, toma la resolución de leer al menos un texto de ella antes de cada seminario y anótalo inmediatamente en tu agenda. Si no hay una lista oficial de lecturas, toma nota para pedirla antes de la siguiente sesión, o mejor aún, escribe inmediatamente un breve correo electrónico al profesor. Una vez que tengas un objetivo concreto y reúnas la energía de activación necesaria, la piedra rodará rápidamente por sí sola.

La información y el apoyo para conseguir tu objetivo pronto los encontrarás como si nada a través de libros en la biblioteca de la universidad, vídeos explicativos y de consejos en Internet o compañeros de tu círculo social. La clave de la motivación es responder a los impulsos.

**¿Mantener la motivación?**

Pero la motivación no es suficiente a largo plazo. Aunque la frase "no consigo motivarme para estudiar con regularidad" se oye mucho, en realidad describe un problema que no tiene mucho que ver con la motivación. El impulso y el objetivo están ahí y probablemente ya se hayan dado algunos pasos para mirar los apuntes más a menudo y no empezar a repasar sólo unos días antes de los exámenes, pero lo que falta es incorporarlo todo a la vida cotidiana. No hay rutina.

La motivación es buena para dar orientación, pero sólo ayuda durante un breve periodo de tiempo. Como ya se ha descrito, el cerebro prefiere tomar el camino más fácil antes que el difícil cuando se enfrenta a una decisión. Se aplica la ley del menor esfuerzo y resistencia. Esto significa que esta tendencia a hacer las cosas más fáciles debe superarse activamente una y otra vez cuando se confía únicamente en la motivación. Hay que reunir energía mental y fuerza de voluntad una y otra vez para no desviarse de la intención original. Esto, sin embargo, consume una enorme cantidad de energía con el tiempo, por lo que pronto se nota cómo se vuelve a caer en los viejos hábitos. Las notas se guardan después del curso y no se vuelven a sacar hasta la siguiente sesión.

Esto es comparable al fenómeno que se observa cada año en los gimnasios. En Año Nuevo, muchas personas se proponen llevar una vida más sana y hacer más deporte. Están muy motivadas para conseguir la figura de sus sueños antes del verano, se apuntan al estudio y toman tantas clases como les sea posible. Pero ya al final de la primavera empiezan a llegar las cancelaciones de contratos. Cambiarlo todo de golpe es más difícil de lo que pensabas y no puede hacerse sólo con un chasquido mental de los dedos.

Entonces, ¿cómo puede utilizarse la motivación inicial y cómo puede tener éxito un cambio en la vida cotidiana? Siguiendo la decisión de cambiar algo con la forma de llegar a ello también integrada en la vida cotidiana y establecida como norma. En otras palabras, hay que crear nuevos hábitos. Ésta es la única manera de liberar al cerebro de la decisión de hacer algo inicialmente desagradable para que pueda suceder automáticamente.

En consecuencia, ¿cuál es el camino desde la motivación a través de los hábitos hasta la consecución de los objetivos personales? He aquí un programa paso a paso:

1. Observa tu vida cotidiana e incorpora tu cambio de forma realista. Por ejemplo, si quieres estudiar más para un curso concreto, considera qué días de la semana tienes realmente tiempo para ello. De este modo, permites que tu plan se convierta realmente en un hábito y no corres el riesgo de que tenga que evitar otras cosas importantes que también tienen su lugar en tu vida cotidiana.

2. Empieza poco a poco. Casi nada puede hacerte retroceder más que sentirte abrumado. Así que da pequeños pasos al principio. ¿Tienes tiempo una tarde a la semana para repasar el material? ¡Estupendo! Propónte estudiar media hora ese día cada semana. De este modo podrás empezar a trabajar en tu objetivo de inmediato, sin que al principio sea demasiado para ti. Sin embargo, tienes el pie metafórico en la puerta. Esto te permite acostumbrarte poco a poco al cambio. Con el paso del tiempo, puedes ir acostumbrándote poco a poco. Cuando te des cuenta de que te resulta fácil sentarte a estudiar media hora cada semana, da un paso más. Construye tu nuevo hábito gradualmente y, por ejemplo, pasa ahora a mirar tus apuntes durante tres cuartos de hora.

3. Haz que el cambio te suponga el menor esfuerzo posible. Relacionado con el enfoque secuencial, debes

intentar eliminar de la situación la tensión relativa al próximo cambio. Esto funciona mejor adaptando y preparando lo relativo al nuevo hábito. ¿Esa media hora de estudio programada? Asegúrate de que tus apuntes están limpios y ordenados. Ten un espacio de trabajo ordenado y adaptado a tus necesidades. Elimina las distracciones, como las notificaciones de tu móvil, los ruidos que te distraigan o las pestañas abiertas a vídeos que prefieres ver antes que hacer tu trabajo.

4. Espera dificultades. Es normal encontrar problemas o incluso fracasos cuando uno se dedica a algo nuevo. No es diferente cuando se desarrollan hábitos. Acepta que pueden surgir errores y faltas, y no dejes que te alteren si ocurren. No te rindas si al cabo de unas semanas no has conseguido estudiar por la tarde. Recuerda que el progreso es un proceso y que, por tanto, necesita acumularse. Tómate un respiro, piensa en cuál ha sido el error, cómo se ha producido y aprende de él. Tal vez extraigas la consecuencia de dedicar al menos otros diez minutos a tus apuntes ese día por la tarde. Si sales de este tipo de situaciones sin tirarlo todo por la borda inmediatamente, te fortalecerá a largo plazo.

## Procrastinación

La llamada procrastinación describe el proceso en el que está muy claro lo que se supone que hay que hacer, pero en su lugar se adelantan otras tareas o actividades.

Éstas van acompañadas de excusas y explicaciones endebles. Aún no puedo empezar a estudiar así. Aquí todo sigue lleno de ropa sin lavar. Seguro que será más fácil cuando esté más ordenado. Además, tengo toda la tarde para empezar. La media hora también se encontrará más tarde". Por desgracia, como todos sabemos, al final no se encuentra, o sólo se obliga a encontrarla, con un esfuerzo considerable que en realidad debería evitarse, y sentimientos de culpa porque se podría haber empezado antes.

La procrastinación es bien conocida y probablemente todo el mundo la ha experimentado. Pero contrariamente a la suposición común de que la procrastinación se debe a la pereza y a la falta de voluntad, este fenómeno es en realidad una maniobra de evitación. Solemos procrastinar cuando simplemente nos sentimos abrumados por la tarea que tenemos ante nosotros, y hay varias cosas que podemos hacer al respecto. En primer lugar, trabaja para **ser consciente** de que y cuando procrastinas. Escúchate y date cuenta de que tus excusas, aunque lógicas, no justifican por qué desviarte del plan original.

Observa en qué tareas empiezas a procrastinar y piensa cuál es el motivo. El sobreesfuerzo puede tener distintos motivos, pero básicamente se debe a que la tarea que querías afrontar es demasiado grande. Estudiar durante media hora completa esta tarde no parece factible. En **consecuencia, concreta y reduce tus objetivos** para la próxima vez. Mejor dite a ti mismo: "Volveré a repasar mis apuntes de la última sesión del seminario esta tarde, a las 15.00 h, durante quince minutos".

A continuación, intenta **desprenderte de** cualquier **sentimiento de culpa que** surja. Acepta tu pequeño fracaso temporal, perdónate y sigue adelante. No estás menos hecho para tus tareas sólo porque una vez te parecieron demasiado grandes y tu cerebro reaccionó de forma simplemente humana evitándolas. **Crea impulso**. De acuerdo, quizá hubieras querido empezar a repasar el material hace una hora, pero nada te impide ponerte a ello ahora mismo y hacer al menos un poco.

Una vez que hayas empezado, te será mucho más fácil seguir con ello y, posiblemente, terminar la tarea que tienes ante ti. Lo mismo ocurre con los bloqueos causados por demasiadas cavilaciones. Intenta no pensar demasiado de antemano sobre si tienes todas las herramientas que necesitas para completar la tarea, y no te dejes llevar por las dudas y preguntas sobre la mejor manera de empezar. En este caso, algo es mejor que nada y siempre se puede revisar después.

Del mismo modo, si sabes que estás posponiendo algo porque te resulta difícil. Empieza intencionadamente a **trabajar primero en lo difícil**. Siéntate ante la tarea y haz al menos algo en ella, así te resultará más fácil volver a empezar más tarde y parar cuando necesites un descanso. Todavía tienes más energía al principio de tu fase de trabajo. Además, sabes que después todo será más fácil con otras tareas.

Por último, pero no por ello menos importante, un **paquete de energía** preparado también puede ayudarte a salir del atolladero de la procrastinación. Reúne algunas cosas que te inspiren y te recuerden por qué tienes que enfrentarte a más problemas desagradables en el camino. Puede ser una pizarra con fotos bonitas sobre el tema, símbolos útiles que representen tu objetivo, textos motivadores o películas inspiradoras. ¡No hay límites a lo que puedes hacer!

Ahora ya sabes lo que necesitas para ponerte manos a la obra. Estás listo para empezar, pero también debes pensar en tus requisitos externos para estudiar con éxito. Por tanto, este capítulo se centrará en la organización de un espacio de trabajo adecuado y en la estructuración de tus hábitos.

## Orden en el trabajo

Ya conoces la procrastinación como síntoma de estar abrumado. En consecuencia, no es de extrañar que un entorno desordenado también pueda hacer que trabajemos con menos eficacia o, tal vez, que no lleguemos a trabajar correctamente en primer lugar. Por tanto, un lugar de trabajo ordenado para ti es esencial. Esto no significa que tenga que estar amueblado de forma minimalista, clínicamente limpio o siempre en el mismo sitio. Prueba las siguientes sugerencias y adáptalas a tus necesidades personales.

Tu lugar de trabajo debe estar **organizado** y mantenerse lo más **limpio posible.** De repente, no hay nada más fácil de ocupar que trozos de papel o migas de tarta tirados por ahí, aunque en realidad deberías estar leyendo ese capítulo tan importante. Los cables del portátil o del ordenador no deben enredarse en la mesa, y también debes dejar espacio suficiente para los materiales con los que vayas a trabajar. También es útil pensar en la colocación exacta de tus dispositivos técnicos para que puedas utilizarlos al mismo tiempo que un portátil, si es necesario, sin encontrar problemas de espacio.

El lugar debe crearte un **ambiente agradable para** que no quieras trabajar en tus tareas sólo porque te sientes incómodo. Sé creativo.

¿Se te enfrían los pies rápidamente y por eso quieres poner una alfombra suave debajo? ¿Te gustan ciertos olores y por eso piensas en una vela perfumada? No hay límites a lo que puedes hacer. También es beneficioso tener algo de tu paquete energético personal como **inspiración** en el campo visual. Esto puede hacerse, por ejemplo, mediante una pared de fotos.

Además, debes tener todo lo que necesites al **alcance de la mano para** interrumpir lo menos posible tu flujo de trabajo. En consecuencia, esto incluye no sólo tu agenda, libros, apuntes y utensilios de escritura, sino también algo de beber, posiblemente un pequeño tentempié o, por ejemplo, pañuelos de papel, si es primavera y sufres fiebre del heno. También incluye algún tipo de **resumen de las** cosas que quieres abordar, ya sea un planificador, un gran calendario o una lista de tareas pendientes.

La última gran cosa que debes hacer es **eliminar las distracciones**. Huye de las interrupciones de las notificaciones y los chats de grupo y aparta el teléfono. Ponte en modo avión -siempre que puedas- con tus dispositivos tecnológicos. Además, asegúrate de que tienes buena luz, sentándote junto a una ventana o colocando una lámpara de escritorio, incluso además.

Por último, los sonidos a tu alrededor también pueden distraerte. Experimenta con ruido blanco, música instrumental o ambiental para ayudarte a concentrarte y enfocar. Si eliges siempre el mismo acompañamiento, esto puede tener la ventaja añadida de hacer que la música funcione para ti como desencadenante de la fase de trabajo. Sólo la música especialmente cargada de texto o que te anime a moverte debes dejarla de lado y reservarla para tus descansos. ¡Pruébalo por ti mismo!

Estar sentado mucho tiempo no es bueno ni para las personas ni para tu concentración. Por tanto, asegúrate de configurar tu lugar de trabajo **de la forma más ergonómica** posible. Para ello, primero ajusta tu silla. Al sentarte erguido, tus antebrazos deben descansar rectos sobre el tablero, sin demasiado peso sobre ellos. Debes colocar el ratón y el teclado donde tus manos se posen automáticamente. Si ahora tienes las rodillas dobladas en un ángulo de más de 90 grados, ayúdate con un reposapiés, una pila de papeles o libros para que puedas sentarte de forma estable.

Después, todo gira en torno a tu monitor. Éste debe estar a un brazo de distancia de tu cuerpo para que puedas leer lo que hay en la pantalla sin esforzarte. Además, la parte superior de la pantalla debe estar a la altura de tus ojos. De nuevo, se pueden utilizar distintos objetos para conseguirlo. Existen elevadores especiales para portátiles que pueden utilizarse para guardar un ratón y un teclado externos si el dispositivo no está en uso pero necesita permanecer en su sitio.

Si trabajas con dos monitores y uno de ellos es el principal, colócalo directamente frente a ti. Si ambos se utilizan por igual, deben conectarse directamente frente a ti y colocarse ligeramente inclinados.
Por último, pero no por ello menos importante, también debe haber cierto **orden en tu espacio de trabajo digital.**

Asegúrate de mantener tu escritorio lo más vacío posible. Crea una estructura lógica de carpetas y cíñete a ella. Esto incluye nombrar los archivos con precisión. Coloca bajo esta estructura todos los programas, carpetas y archivos que no necesites necesariamente en tu pantalla de inicio. Además, intenta limpiar tu carpeta de descargas una vez a la semana, vacía la papelera de reciclaje y comprueba la bandeja de entrada de tu buzón de correo electrónico. También deberías darte de baja de todos los boletines y anuncios que ya no necesites.

También es aconsejable hacer regularmente copias de seguridad de tu disco duro, ya sea en la nube o en un disco duro externo. También en este caso, una vez a la semana es un buen ritmo. Por último, no está de más que revises los marcadores de tu navegador aproximadamente una vez al mes y elimines también aquí los innecesarios.

## Cabeza ordenada

Un lugar de trabajo ordenado es probablemente una de las primeras cosas que dan estructura.

Sin embargo, es casi más importante que sepas exactamente adónde quieres ir y cómo quieres llegar. Por eso, la siguiente sección trata ahora de la preparación sistemática de tus tareas. Al hacerlo, es importante tener en cuenta lo establecido en el apartado anterior: Los planes y procedimientos no deben funcionar sólo a veces o incluso durante unos días. Lo que buscas es un proceso que se adapte a ti y cree hábitos. Pon a prueba los siguientes consejos y analiza lo que te funciona y lo que podrías cambiar.

Así que, en general, la constancia y la regularidad te ayudarán. Ambas se consiguen sobre todo llevando un **registro de** lo que hay que hacer. Las agendas, los cuadernos, los calendarios o las notas adhesivas pueden ayudarte. Los planes de trabajo y estudio, los mapas mentales o las listas son una buena forma de llevar un registro. Además, intenta programar adecuadamente **las repeticiones** en tu rutina diaria. Esto te facilitará enfrentarte a tus tareas. A continuación te explicamos cómo hacerlo.

**El plan de trabajo realista**

En la búsqueda de hábitos y rutinas que no necesiten ser pensados y decididos, apenas hay forma de evitar un plan de trabajo. Lo primero que hay que hacer es crear una visión general de la semana.

Lo primero que hay que hacer es anotar todas las citas fijas: Cursos, actividades de ocio o tareas de limpieza en el piso compartido. También deben incluirse los acontecimientos especiales, como las citas con el médico o la fiesta de cumpleaños de tu mejor amigo; en principio, todo lo que no sea negociable. Si esto significa que la agenda semanal ya está completamente agotada, lamentablemente algo tiene que ceder ante las citas. Si esto ocurre todas las semanas, tiene sentido plantearse cursar menos módulos.

Una vez establecidos estos bloques, hay que considerar los periodos de descanso. Esto significa tanto pequeños descansos durante el día como -si es posible- uno o dos días a la semana en los que los alumnos no se ocupen en absoluto de la universidad y del material de aprendizaje. Por último, pero no por ello menos importante, hay que prever fases para el autoaprendizaje y tiempos intermedios, por si algo lleva más tiempo o se necesita más tiempo para los exámenes. Estos tiempos intermedios también pueden convertirse en tiempo libre si ya se ha hecho todo.

A la hora de dividir los bloques de trabajo, es necesario ser consciente de en qué momento del día se encuentran las fases de productividad personal y cuánto pueden durar. A nadie ayuda que empieces a leer textos de forma ejemplar a las siete de la mañana, si luego estás tan agotado y cansado antes del mediodía que no puedes gestionar nada más durante el resto del día.

Lo mismo ocurre con la duración del trabajo. Por tanto, tiene sentido que establezcas tus propias horas de inicio y fin del trabajo y trates así tus estudios como un trabajo. Obsérvate y evalúa de forma realista cómo funciona tu equilibrio energético, y si al cabo de unas semanas notas que el nuevo ritmo no te satisface del todo, siempre puedes cambiarlo o ajustarlo. Ve paso a paso.

Ahora que está claro cuándo son tus bloques de autoaprendizaje, es hora de planificar el contenido de estos periodos de trabajo independiente.

Un bloque grande debe dividirse en varias unidades pequeñas de aproximadamente media hora, con descansos entre ellas. Esto favorece la capacidad de concentración a largo plazo. Además, las unidades deben alternarse en la medida de lo posible en su contenido y forma de trabajo, para que no surja el aburrimiento. Por tanto, procede de forma que utilices la llamada forma de pensar SMART[1] . Cuando planifiques las unidades, hazte las siguientes preguntas para saber exactamente lo que quieres hacer:

• ¿Qué quiero hacer exactamente? ¿Dónde trabajaré en ello? ¿Cómo voy a empezar? ¿Qué materiales voy a necesitar?

• ¿Cómo sabré cuándo he terminado, por ejemplo,

---

Cf. Charles Duhigg: Más inteligente, más rápido, mejor. Por qué algunas personas consiguen hacer tanto y otras no. Múnich: Redline Verlag 2017, p. 128 y ss.

porque lo he entendido todo? ¿Existen posibilidades como ejercicios, pruebas, cuestionarios realizados por un compañero o? ¿Puedo explicar a alguien lo que he aprendido?

• ¿Estoy realmente dispuesto a trabajar en el tiempo que he reservado, o hay algo más importante en ese momento? ¿Expulsaré mi falta de voluntad para hacer algo?

• ¿Cuánto tiempo necesito realmente para completar mis tareas? ¿Será suficiente el tiempo asignado? ¿Tiene sentido que trabaje a esta hora del día?

• ¿Cómo se divide el bloque en términos de tiempo? ¿Cuándo empieza? ¿Cuándo termina? ¿Cuándo habrá descansos?

**La lista de tareas perfecta**

Entrelazada con la estructura de un plan de trabajo y la planificación concreta de las unidades individuales está, por supuesto, la cuestión de qué es lo que hay que hacer en absoluto. No ayuda tener un montón de notas en las que se han anotado tareas en algún momento, pero ahora ya no está claro qué se quería hacer con la mitad de ellas. Es mejor anotar una gran **lista de** todo lo que hay que hacer, ya sea un ejercicio que hay que volver a pensar, buscar un término que el profesor nunca explica, llamar a la oficina de BAföG o ver una serie que te han recomendado por enésima vez: Todo puede anotarse. Incluso la forma puede ir desde viñetas a mapas mentales, tener marcas de distintos colores y subrayados o no. Si no se ha hecho ya durante la primera redacción, todos los objetivos principales deben dividirse en **pequeñas tareas para que** resulte visible qué pasos se ocultan en realidad tras los puntos.

Esta lista global y sus elementos de tarea pueden utilizarse después para **concretar** el **plan semanal** correspondiente. Por ejemplo, es útil elegir tres elementos que tengan la máxima **prioridad** y marcarlos. ¿Qué es absolutamente necesario hacer esta semana y no puede esperar a la siguiente? ¿Qué necesita más energía y, por tanto, debe hacerse primero?

¿Qué tareas tienen un alto valor personal porque, por ejemplo, otras personas también dependen de su realización? A continuación, hay que centrarse en estas tres acciones. Ahora, la lista general debe **evaluarse y actualizarse periódicamente**; esto también puede incluirse en la agenda semanal como una cita fija. Es una buena oportunidad para darte una palmadita en la espalda por las cosas que has hecho y preguntarte por qué otras siempre se quedan por el camino. ¿Hay algo que nunca tiene prioridad?

¿Quizá al final no sea tan relevante y pueda borrarse de nuevo? ¿Llevas semanas queriendo escribir ese correo electrónico a tu profesor, pero nunca supiste cómo formularlo y por eso no te atreviste? Para problemas como éste, es una buena idea o bien obtener ayuda para escribirlo -después de todo, el profesor no sabrá al final si el correo electrónico ha sido revisado por un amigo- o bien programarlo todo para el día siguiente con la máxima prioridad, o ambas cosas juntas.

**La preparación del examen sin estrés**

Esa lista global con subobjetivos también puede utilizarse maravillosamente para la preparación del examen. En cuanto se anuncie la fecha del examen, hay que empezar a prepararlo, al menos lentamente. La fecha puede anotarse en la agenda y **planificarse hacia atrás a partir de** ahí. El plazo de estudio debe fijarse con generosidad para tener suficiente margen en caso de que surja algún imprevisto, como una semana en la que no has podido levantarte de la cama por culpa de un resfriado.

Entonces debe aclararse lo antes posible qué es realmente parte del **material relevante para el examen.** Visitar las horas de oficina del profesor también puede ayudar en este caso. También tiene sentido saber cómo se evaluarán posteriormente los conocimientos. ¿Hay que responder a preguntas cortas? ¿Hay preguntas de selección? ¿Se escribirá una redacción? ¿Habrá que presentar pruebas? Todo esto puede y debe influir en cómo te preparas exactamente para el examen.

Para crear el plan de aprendizaje exacto, debes hacer un **resumen de todos los bloques temáticos relevantes.** Esto contiene los temas a grandes rasgos, los nombres de los conceptos centrales y, a veces, ya los hechos y fórmulas básicos que necesitas. Si tienes suerte, se ofrecen tutoriales en los que puedes preparar esa visión de conjunto o ya forma parte del material del curso. Si no, puedes construirlo tú mismo a partir de tus apuntes o investigarlo en Internet y en libros.

Especialmente en el caso de los módulos básicos, la probabilidad de que se traten los mismos temas en distintas universidades y cursos es relativamente alta, por lo que puedes utilizar el resumen como base para el tuyo propio y adaptarlo.

Piensa en qué **subpasos** son necesarios para preparar los temas relevantes para el examen correspondiente y su tipo de cuestionario. ¿Necesitas repasar y organizar tus apuntes? ¿Debes trabajar con una obra secundaria? ¿Necesitas tomar notas adicionales? ¿Cómo repasarás el material? ¿Hay ejercicios prácticos? ¿Hay simulacros de examen? ¿Existe la posibilidad de corrección conjunta o de debate en una tutoría o entre compañeros?

Por último, elabora un **plan de aprendizaje** a partir de tu visión general del tema. Establece un objetivo para la semana que tenga la máxima prioridad para ti. Alterna temas fáciles y difíciles en la medida de lo posible y determina cuándo quieres estudiar realmente qué temas de forma intensiva. Presta atención a tu plan de aprendizaje y comprueba diariamente tu estado actual para poder ajustar el plan si es necesario.

## DEMASIADO PARA RECORDAR

Estás motivado, has establecido una rutina y montado un puesto de trabajo. ¿Y ahora qué? ¿Qué se puede hacer exactamente para que tengas más éxito en tus estudios? En este capítulo aprenderás a ser más eficaz en tu trabajo de curso y en tu trabajo de seguimiento independiente, para que pronto tengas menos problemas en tu vida universitaria cotidiana y en la preparación de los exámenes.

**Desde el curso ...**

Empecemos por las clases, los seminarios y los ejercicios: Doce años de horarios fijos y enseñanza frontal, acostúmbrate a ver la situación de enseñanza-aprendizaje más como un mal necesario antes del tiempo libre de la tarde.

Parte del contenido puede ser interesante, pero en general es más bien una espera pasiva hasta que vuelves a casa para realizar actividades más agradables. Tal vez hagas algunas tareas más en casa y luego repases uno o dos días antes del examen.

Esto no puede seguir así -por desgracia- en la universidad. Piensa en tus estudios como lo que son: Tu ocupación principal. Tus estudios **deben tratarse como tu trabajo**, porque sólo así les darás la suficiente relevancia, y por tanto a ti mismo. No tienes que exagerar y asumir una semana de 40 horas o exigirte aún más, pero debes darte cuenta de que más pronto que tarde no podrás mantener el ritmo profesional si lo dejas en unas pocas horas de bromas verbales a la semana, ¡y no elegiste la carrera en vano! Así que tómatelo en serio y acepta los pasos necesarios que conlleva. Aprende a tomar decisiones necesarias y sensatas, y también a dejar de lado a veces la desgana o las actividades más divertidas.

**En primer lugar, tienes que aumentar tu atención y actividad en las clases.** Un truco sencillo es sentarte lo más lejos posible delante y en el campo visual del conferenciante. Parece demasiado sencillo para ser cierto, pero se notará más si te vuelves hacia algo como la última charla en grupo.

Incluso sin que te lo indiquen, podrás evitar esas distracciones. Además, los conferenciantes pueden interactuar mejor contigo, de modo que participarás más activamente con sólo unas miradas que te incluyan en lo que se está diciendo. Por cierto: Una alternativa para los eventos online desde casa sería encender la cámara permanentemente. Esto crea un mejor clima social y por parte del conferenciante se nota más rápidamente por tus reacciones si no has entendido algo o quieres hacer un comentario. También hace que las conversaciones sean mucho más fluidas.

Esto va de la mano de **conocer a** tus **profesores hasta cierto punto**. No se trata de seguirlos a todas partes, no. Sin embargo, es beneficioso tener algún tipo de relación. Si el profesor te conoce, automáticamente te esforzarás más, porque habrá una cierta expectativa que querrás cumplir.

Te desprenderás de la sensación de no tener nada que ver con la persona que tienes delante, y el curso y tu comportamiento en torno a él se convertirán en un asunto de interés personal para ti. A nivel profesional, también es aconsejable echar un vistazo rápido a lo que tratan principalmente tus profesores.

Durante la clase, presta atención no sólo a la información antes mencionada, sino también a los puntos en los que tus profesores se entretienen más, los términos que repiten o las palabras en las que hacen especial hincapié; en resumen: descodifica y analiza el comportamiento y lo que se dice. Lo mejor es que pienses en un pequeño sistema de signos para marcar y destacar puntos especialmente importantes en tus apuntes. Así pronto comprenderás mucho mejor qué contenidos son importantes y de qué manera, y podrás prepararte para el examen correspondiente de una forma mucho más adaptada. Un último consejo: anota en el margen de tus apuntes todas las preguntas concretas y los ejercicios breves que se planteen o comenten. Esto te mostrará qué estilo de preguntas utiliza el profesor, para que puedas adaptarte a él. También puedes crear fácilmente tu propio simulacro de examen a partir de las preguntas que hayas recopilado, lo que te ayudará a prepararte para el examen.

Establece **contacto con tus compañeros**. Esto puede sonar contradictorio al principio: ¿cómo se supone que voy a concentrarme mejor si estoy sentado en clase charlando con mis amigos? Pero esto se refiere sobre todo a tu vida, que transcurre fuera de los seminarios y las clases. Por supuesto, estudiar es más divertido cuando sabes que vas a reunirte con tus amigos, pero puedes obtener más ventajas creando una red de personas que también se ocupan a diario de contenidos iguales o similares a los tuyos. Un grupo así -o incluso sólo unas pocas personas- pueden apoyarse mutuamente reuniéndose para estudiar o trabajar.

Además, así tendrás personas a las que recurrir cuando necesites ayuda. ¿Te resulta difícil estudiar para una determinada clase, comprender un determinado concepto o incluso encontrar una estructura adecuada para tu rutina diaria de estudio? Háblalo.

Lo más probable es que otros hayan experimentado ellos mismos tus problemas y podáis encontrar soluciones juntos. ¿No sabes cómo es un procedimiento concreto en la universidad o necesitas bibliografía secundaria sobre un tema determinado lo antes posible?

Quizá alguno de tus compañeros ya se haya enfrentado a ello. Por último, pero no por ello menos importante, una red de este tipo es también una buena forma de cuidarse, controlarse y fortalecerse mutuamente. Si sabes que tus amigos también están estudiando para ese examen, desarrollarás un sentido de la responsabilidad mucho mayor como parte del grupo para no estorbar y seguirte la corriente. Por cierto, un grupo así no tiene por qué reunirse todos los días en el comedor o en el aula. También puedes buscar en Internet grupos en las redes sociales que tengan una rutina diaria similar a la tuya y compartan tu interés por tu campo de estudio.

**Transcripciones de diseño**

Estás sentado en una de las primeras filas de la clase, tienes a tu lado a tus amigos, con los que hablarás después sobre el material, estás escuchando activamente al conferenciante... ¿pero cómo tomas apuntes? Existen, por supuesto, varios métodos: desde el digital hasta el manuscrito; desde las viñetas dispersas hasta los dibujos simbólicos y las frases detalladas. Por supuesto, también debes observar y analizar cuál es el estilo adecuado para ti y para el acto correspondiente. No obstante, hay algunos puntos que siempre son útiles.

Aunque suene anticuado: **escribe a mano**. El proceso físico te ayuda a ti y a tu cerebro a interactuar más activamente con la información y, en última instancia, a recordarla. Además, escribir a mano tiene la ventaja de que puedes reformular, añadir y ser más libre con tus notas de inmediato.

Es difícil insertar tus propios apuntes, notas

marginales o imágenes en un documento digital simultáneamente con el curso, por lo que anularás por completo estas interacciones con el material, que son útiles para memorizar. Si eres reacio a trabajar principalmente con bolígrafo y papel, ten al menos una hoja de papel en la que anotes brevemente tus pensamientos, preguntas o términos relevantes de los temas tratados.

Desde el principio, toma **notas para que constituyan la base de tu preparación para el examen**. No debes limitarte a anotar lo que se ha dicho. Esto significa: piensa de antemano en un sistema de encabezamiento y puntuación. ¿Quieres numerar, ordenar por colores, utilizar diferentes subrayados? Una pequeña reserva de caracteres también puede ser muy útil. Así podrás marcar de forma uniforme y clara qué notas contienen ejemplos, terminología o conceptos centrales, por ejemplo. Definitivamente, estos puntos deben resaltarse de una forma determinada, ya sea directamente durante el curso o al revisar tus apuntes.

También es posible diseñar la primera página de tus apuntes como un **índice.** Aquí puedes anotar continuamente cómo están dispuestos los temas entre sí y dónde se pueden volver a encontrar. Los números de página son útiles, pero no absolutamente necesarios.

**Haz anotaciones al margen,** como ya se ha descrito. Sigue atentamente el curso y anota, por ejemplo, cuando se haga hincapié en algo. Es muy probable que se trate de un término básico, una fórmula esencial, un tema importante o un concepto relevante. Anota también las preguntas que te haga el profesorado. Anota también dónde no has entendido algo. Luego podrás hacer estas preguntas de seguimiento mucho más fácilmente después de la sesión o en horas de oficina que si tienes que recordarlas primero o sólo recuerdas poco antes del examen que aún había dudas sobre un tema.

Al final, puedes hacer un uso excelente de los subrayados y notas marginales anteriores para la preparación de tu examen. Crea un **pequeño resumen o cuaderno de aprendizaje**. Durante el semestre, trabaja en una visión general con viñetas del curso correspondiente. Puede consistir únicamente en los epígrafes estructurados de las sesiones. También puedes añadir terminología o hechos centrales. Edita este resumen para que se convierta en tu guía para planificar la preparación del examen.

La sesión ha terminado. ¿Qué ocurre ahora en el tiempo que puedes disponer de ti mismo?

## Crea hábitos eficaces

Si hay algo que debes aprender es lo siguiente: construye una buena rutina. Aquí tienes acciones comunes y cotidianas que puedes hacer para que tus estudios tengan más éxito. Puede que algunas de las cosas te suenen de lo que hemos tratado antes. Aquí están parcialmente resumidas de nuevo.

Las actividades generales incluyen en primer lugar tu relación con el estudio. Trabaja **con constancia** y no con soluciones rápidas que a la larga sólo te quitarán más energía.

Mantente **organizado**. Crea un entorno que te motive a estudiar, por ejemplo, haciendo partícipes a tus compañeros o amigos de tus objetivos y de la forma de alcanzarlos.

Esto crea una especie de **responsabilidad social en la que** ya no estás solo. En estos grupos, el **material de aprendizaje también** puede **analizarse** y reflexionarse **maravillosamente.** Si te diviertes con el contenido, también te resultará mucho más fácil recordarlo. **Enfréntate activamente a los nuevos**

**conocimientos** investigando de forma independiente determinados conceptos en diversos medios, si es necesario. Te sorprenderán los gráficos y vídeos explicativos que se pueden encontrar de libre acceso sólo en Internet. Esto también hará que el contenido te resulte más accesible, fácil de entender y de recordar sin esfuerzo. Además, debes asegurarte de **mantenerte en forma**. El ejercicio regular te ayuda a mantenerte más alerta y activo, pero el ejercicio ligero, como los paseos, también aumenta la concentración y la memoria. La próxima vez que te dé vueltas la cabeza, sal al exterior durante diez minutos y vuelve al trabajo renovado.

Además, tiene sentido ejercitar también tu cerebro y no utilizarlo sólo para el material de los cursos. Busca estímulos suaves en tu tiempo libre, ya sean Sudokus, libros o cualquier otra cosa. Sin embargo, los descansos también son necesarios. Asegúrate un sueño sano y sin interrupciones al final del día. Fijar tiempos de descanso y sueño te facilitará la rutina diaria, por un lado, y te hará más eficiente a largo plazo, por otro.

Cuando se trata de aprender y repetir contenidos, es importante volver a pensar en los **nuevos conocimientos en las primeras 24 horas** después de haberlos tratado. Esto puede adoptar muchas formas diferentes. Por ejemplo, puedes hablar de ello con tus amigos, volver a leer tus transcripciones o trasladar los puntos que ya has tratado a tu revisión del aprendizaje. Todo depende de ti. Lo principal es repasar el aprendizaje mientras el recuerdo de la sesión esté fresco. Intenta también **aprender contextualmente**.

Esto significa que creas ciertos desencadenantes para la adquisición atenta de conocimientos. Visualmente, por ejemplo, siempre puedes diseñar tu entorno de aprendizaje de forma similar, por ejemplo, disponiendo siempre tus materiales de escritura y otros materiales de la misma forma en tu asiento.

También puedes cambiar esta estructura como desees en función del curso y repetirla en casa cuando te enfrentes a las sesiones respectivas.

Además, debes **repetir los conocimientos** adquiridos **en distintos lugares**. Esto puede sonar contradictorio con el punto anterior, pero gira en torno a recordar el material de distintas formas en diferentes situaciones. De este modo, tu cerebro no asociará simplemente el contenido con estar sentado en una sala de conferencias, sino que interiorizará que quieres interactuar con él. Utilizar los conocimientos con frecuencia significa que se almacenarán mejor como relevantes para ti y seguirán siendo recuperables más rápidamente. Asegúrate también de darte periodos de descanso. Trabaja con constancia en tu **resumen de aprendizaje** y, junto con tu **plan de preparación de exámenes,** comprueba dónde estás y qué te queda por hacer, y no sólo en la semana anterior al examen, sino con rigor a lo largo del semestre.

En lo que se refiere a la preparación concreta del examen, hazla lo más activa posible. **Practica la situación de las preguntas** haciendo tantos simulacros de examen como puedas. Redacta tus propios exámenes si es necesario. Piensa en los problemas que has resuelto y comprueba si llegas a los mismos resultados. Haz que te hagan preguntas concretas sobre la materia y comprueba hasta qué punto puedes explicar los conceptos con soltura y coherencia. En resumen, exponte a pruebas y a posibles errores antes de la importantísima fecha límite.

Los rituales que puedes hacer a diario son:

• **Desplázate por los dos meses siguientes en tu agenda.** De este modo, siempre tendrás delante las citas o los objetivos importantes y te asegurarás de que no se te pasa nada por alto o de que te das cuenta demasiado tarde de que un plazo determinado está mucho más cerca de lo que pensabas.

- **Lee las transcripciones de los cursos del día actual**. Aquí puedes hacerte algunas preguntas iniciales, marcar puntos importantes o transferir puntos a tu resumen de aprendizaje.

- **Organiza y estructura tus notas**. ¿Se están acumulando de nuevo en tu bloc varias hojas a medio escribir? Dedica cinco minutos al día a archivar tu material y mantenerlo ordenado para que esté preparado cuando empieces a preparar el examen.

- **Procesa activamente** el **material de aprendizaje**. Haz ejercicios. Marca en color. Añade notas. Lee activamente. Haz preguntas. En la sección *Aprender a aprender, se* explorarán con más detalle algunas de las técnicas que puedes utilizar.

**Optimizar las fases de trabajo**

Para crear tus bloques de trabajo de forma eficaz, encuentra uno o varios **lugares fijos que sean sólo para trabajar**. Tu cama o el sofá se asocian con la relajación y las actividades de ocio, por lo tanto, evita esos lugares donde suele ocurrir otra cosa. Como se ha descrito anteriormente, puedes disponer tu material de una forma determinada para crear desencadenantes de trabajo.

También debes fijarte un cierto ritmo de actividad-descanso. Para ello puedes utilizar la **técnica**

**Pomodoro.** En la sección anterior, se mencionaban más a menudo fases de trabajo de aproximadamente media hora. Esto se debe a que ese es aproximadamente el tiempo durante el cual las personas pueden concentrarse bien. Después, su energía disminuye drásticamente y se distraen con mucha más facilidad.

Si las fases de trabajo se alargan demasiado, serás cada vez más improductivo cuanto más tiempo permanezcas sentado en una tarea. El único problema adicional es que, aunque te tomes un descanso, volverás a empezar con un nivel de energía más bajo que al principio del bloque. Con el método Pomodoro, siempre haces una pausa exactamente cuando tu concentración empieza a decaer, manteniendo así tu nivel de energía prácticamente igual. Trabaja siempre durante 25 minutos seguidos y luego haz una pausa de 5 minutos. Durante este periodo de recuperación, debes poder alejarte de tu puesto de trabajo y relajarte. Repite esta sesión cuatro veces para que al final hayas trabajado dos horas.

Después de estas dos horas, te mereces un descanso más largo. Piensa en una pequeña recompensa por ello, como una charla con tu compañero de habitación, algo sabroso para comer o una breve siesta.

**Aprender a aprender**

La preparación de exámenes suele asociarse a mirar horas y horas de transcripciones, diapositivas y apuntes, leyéndolos una y otra vez con la esperanza de poder reproducirlo todo exactamente igual al final. Sin embargo, existen métodos mucho más eficaces y personales para adquirir, conectar y recordar conocimientos.

Cuando aprendas, debes adoptar siempre **un papel activo**. No te dejes llevar por las palabras, sino hazte preguntas sobre el contenido de antemano. ¿Qué es exactamente lo que hay que entender y retener? Básicamente, sólo puede haber dos tipos de información: Hechos o conceptos.

Los hechos sólo hay que aprenderlos de memoria. Los conceptos suelen ser más importantes de entender. Al mismo tiempo, debes ser capaz de reproducirlos con tus propias palabras utilizando la terminología correcta. Desglosa de qué se trata básicamente. Clasifica cómo se relacionan los distintos hechos y conceptos nuevos con lo que ya sabes. Por ejemplo, ¿hay conexiones de ideas? Intenta refinar aún más los conocimientos y hacerlos más vívidos conectándolos con tu vida cotidiana y buscando ejemplos concretos en la vida real que puedan explicarse con lo que has aprendido.

Incluye **de forma creativa diferentes estímulos.** Utiliza imágenes, fotos o mapas mentales. Si te gustan las melodías de palabras, inventa rimas o busca palabras que suenen como los términos que quieres recordar. Piensa las historias más cortas y descabelladas posibles de la lista de terminologías que quieres aprender. Los dispositivos mnemotécnicos o acrónimos, en los que las letras abrevian tu lista de hechos o nombres largos, también son buenos para aprender hechos. "Siete, cinco, tres - Roma sale del huevo" es algo que todo el mundo ha oído en las clases de historia. Los nombres complicados, como el Plan de acción comunitario europeo para la movilidad de los estudiantes universitarios, pueden recordarse mucho más fácilmente con la abreviatura ERASMUS.

Además, los desencadenantes **del aprendizaje** pueden ser una buena forma de tomar conciencia regularmente de los contenidos difíciles de recordar. Para crear esos desencadenantes en casa, observa primero tu comportamiento. ¿En qué lugares pasas tiempo a menudo? ¿Qué objetos tienes a menudo en la mano? ¿Dónde miras a menudo? Luego piensa qué comportamiento o información debería activarse.

Por último, se trata de ser creativo y preparar los desencadenantes. ¿Bebes té en la mesa de la cocina a primera hora de la mañana y quieres acordarte de tus citas con más regularidad? Pon tu agenda al lado de tu taza de té por la tarde. ¿Tienes una lista de fechas en las que tienes que estudiar para una conferencia? Pégala en el espejo del baño a la altura de los ojos. Sigue en ello y ajusta tus desencadenantes cuando te des cuenta de que, después de todo, no funcionan como tú quieres.

**Ponte a prueba**, no importa en qué momento de la preparación del examen te encuentres: cuanto antes, mejor. Resume lo que has aprendido. Intenta enseñárselo a otra persona. Haz ejercicios. Utiliza tarjetas. Deja tus apuntes a un lado y recuerda lo que has leído. Si prefieres escribir, también puedes anotar todo lo que notes de forma desestructurada y luego compararlo con tus apuntes.

## Retener material de aprendizaje desagradable

Una y otra vez, hay temas en los que realmente no te apetece trabajar: así ocurrió en el colegio, y no será diferente en la universidad. Toma las siguientes medidas para que trabajar con este material te resulte más agradable:

- Averigua por qué no te gusta el tema. ¿Es por el contenido? ¿Es porque te parecen listas interminables de hechos? ¿No ves la relevancia para tus estudios? ¿O en general te molesta la estética del material de apoyo de la asignatura?

- Por estas razones, formula enunciados de problemas con una posible solución, que puedas abordar de forma realista: "Para el tema X, preguntaré a mi profesor dónde puede influir en mis estudios. Para el tema Y, investigaré cómo puedo aprender hechos con más facilidad", etc.

- Organízate y mantén tus cosas ordenadas. ¿Quizá ponerlas más bonitas para que te resulten más atractivas?

- Empieza a abordar el tema con suavidad. No es necesario que introduzcas inmediatamente un enorme bloque de trabajo en el que repases este curso una y otra vez. Da pequeños pasos. Planifica primero tu trabajo. Subraya y marca en tus notas. Escribe tus primeras preguntas.

- Busca los aspectos del tema que te atraigan. Busca películas que estén remotamente relacionadas con él. Descárgate aplicaciones con juegos educativos sobre el tema. Diseña un concurso con amigos utilizando los términos clave.

- Haz que el compromiso con el tema se convierta en

una experiencia positiva. Crea un entorno tranquilo y acogedor o piensa en una pequeña recompensa posterior, por ejemplo.

• Sé constante. Haz sólo un poco, pero hazlo con regularidad.

• Busca ayuda. Si estás absolutamente atascado, no encuentras la manera de salir adelante y no encuentras nada positivo sobre el tema, recurre a tus amigos, a tus compañeros o al profesorado. ¡Siempre habrá una forma de afrontar un problema!

## DEMASIADO PARA LEER

¿Has creado rutinas de funcionamiento, escrito listas de tareas priorizadas y estructurado tus bloques de trabajo según el método Pomodoro, y aún así no consigues abrirte camino de forma eficaz a través de la montaña de literatura secundaria? ¿Tienes un programa de estudios de lectura intensiva, de modo que ni siquiera puedes pensar en la literatura secundaria debido a todas las fuentes primarias?

¿O tienes que entregar un trabajo trimestral sobre un tema que apenas has tratado antes? En esta sección, se te darán algunas técnicas que deberían ayudarte a trabajar más rápidamente con pilas de libros. Hay que distinguir entre estrategias de lectura y técnicas de lectura. Las estrategias de lectura son procedimientos que describen principalmente cómo abordar un texto. Las técnicas de lectura se refieren a la forma en que se desarrolla el proceso de lectura.

## Estrategias de lectura

Independientemente de cómo y qué texto quieras abordar, siempre debes preparar el proceso de lectura. Además de un plan temporal concreto y de la elección del texto, debes pensar detenidamente qué información quieres obtener de la lectura en primer lugar. ¿Cuál es tu objetivo? ¿Sólo quieres recopilar una bibliografía para tu próximo trabajo trimestral? ¿Quieres comprender los puntos principales del texto? ¿O quieres haber captado y reflexionado sobre todos los detalles? Entonces, en función de tu objetivo, elige la técnica adecuada a tus necesidades. Trabaja con los textos y reflexiona después, basándote en tus notas, sobre si se han respondido tus preguntas.

### Lectura general

El objetivo de esta estrategia de lectura es avanzar rápidamente por los textos y ser capaz de buscar información específica; por ejemplo, si la monografía que tienes en tus manos es adecuada como fuente para un ensayo. Así que, básicamente, sólo hay que captar la estructura y el contenido a grandes rasgos.

Además, la lectura panorámica también debería ser el primer paso si ya sabes que quieres trabajar en detalle una parte determinada de un libro. La lectura panorámica te ayuda a ordenar los fragmentos en una red de información. Para ello, fíjate primero en las características más llamativas del texto.

¿De qué trata el material? Fíjate en el título, el autor, la contraportada del libro y el índice. ¿Cómo está estructurado el texto? Luego hojea todo el texto. ¿Cómo está estructurado? ¿Qué aspecto tiene? ¿Hay un resumen que preceda al texto y lo presente brevemente? ¿Qué son los subtítulos? ¿Hay gráficos o fotos?

¿Los puntos relevantes están marcados o resumidos en recuadros? No dudes en hacer breves anotaciones sobre si el texto es prometedor o ya plantea preguntas. De este modo, también podrás llevar un registro más adelante de los textos que has considerado inadecuados. Mira el siguiente o quédate con el material original y trabájalo con la técnica de lectura adecuada.

**Extracto de la lectura**

Sin darte cuenta, ya has aplicado el principio de Pareto en tu lectura general. También se denomina regla del 80-20 y describe -en términos de trabajo con textos- que aproximadamente el 80 por ciento del contenido puede encontrarse en el 20 por ciento del texto[2] . En cierto modo, la lectura de extractos es una continuación de la lectura general. Es especialmente adecuada para la redacción de artículos, pero también puede aplicarse a los libros. En el primer paso, lee íntegramente el primer y el último párrafo del artículo.

En las publicaciones más largas, como las monografías, esto correspondería a la primera y última viñetas de cada capítulo. Aquí, la estructura, los temas centrales y las conclusiones más relevantes del texto ya se encuentran en una especie de introducción y conclusión.

Si no se ajusta a lo que buscas, puedes dejar de lado el artículo en este punto. Sin embargo, si es adecuado, en un segundo paso lee la primera frase de cada párrafo del texto. Aquí encontrarás información más detallada y palabras clave. También puedes marcar los párrafos

---

[2] Cf. Werner Heister: Estudiar con éxito. Aprendizaje eficaz y autogestión en programas de grado, máster y diplomatura. Stuttgart: Schäffer-Peoschel Verlag 2007, p. 55.

especialmente interesantes.

Ahora ya te has hecho una idea suficiente del texto y sabes de qué trata en su mayor parte. ¿Quizá esta información ya sea suficiente para ti? Si no, puedes volver a leer los párrafos marcados o todo el texto. Sin embargo, la ventaja y el objetivo de esta estrategia es que no tienes que leer todo el texto y, por tanto, ahorras una enorme cantidad de tiempo.

**Lectura activa**

La lectura activa casi puede considerarse una técnica de lectura, pero debido a que se centra en la interacción con el texto, describe más bien un enfoque del proceso de lectura. Es especialmente adecuada si quieres trabajar meticulosamente con los textos, ya que puede aumentar tu atención y capacidad de concentración. Como ocurre con varias técnicas de aprendizaje, esta estrategia de lectura consiste en utilizar una acción física para involucrar más sentidos y aumentar así tu atención. Estos son tres métodos que te ayudarán a leer de forma más activa:

• Resume: Lee un párrafo cada vez. Cuando lo hayas terminado, o notes que tus pensamientos se desvían del texto, resume este párrafo directamente en el margen que hay junto a él. Puede ser una palabra o una viñeta entera. Es importante que igualmente pienses directamente en el proceso de lectura y desgloses el texto por ti mismo. Estas notas marginales también pueden servirte de esquema para tus apuntes posteriores, pero básicamente sólo están ahí para que puedas interactuar con el texto.

• Repetición instantánea: de nuevo, la idea es ser más activo escribiendo las cosas. Este método es especialmente adecuado para memorizar hechos. Lee tus puntos clave o filtra los de un texto. Luego saca un papel de borrador e intenta reproducir este tipo de lista. Escribe todo lo que recuerdes. No pasa nada porque parezca desordenado. Lo principal es que intervenga tu sentido del tacto a través del movimiento. Ahora compruébalo con ayuda del texto y añade lo que no hayas recordado. También puedes hacer este ejercicio varias veces seguidas para memorizar datos.

• Análisis visual: Este método te facilitará la lectura de los textos. Puede utilizarse para la literatura, pero también para tus apuntes o las diapositivas del profesor. Lee tu material y edítalo sobre la marcha. Pinta los distintos temas con los colores correspondientes. Haz pequeños dibujos junto a ellos como ejemplos cotidianos del material tratado. Piensa en un sistema de dibujo que puedas utilizar para marcar los lugares importantes en los márgenes. Aquí se necesita tu creatividad.

## Técnicas de lectura

Esta sección trata brevemente tres técnicas de lectura que puedes utilizar para leer realmente los textos. Estas técnicas son: hojear, saltar y leer rápido. Las tres técnicas están diseñadas para que no pierdas tiempo ni concentración leyendo el material en voz alta, palabra por palabra, mentalmente.

## Sobrevolar

Ojear consiste básicamente en dejar que el texto pase ante tus ojos y seleccionar el contenido más destacado. Por ejemplo, puedes dejar que tus ojos se deslicen por la página y centrarte en distintas cosas, como los sustantivos utilizados. Céntrate en ellos. A partir de ahí, empezará a construirse una comprensión. Otra forma de hojear el texto es la técnica del slalom. Está relacionada con la estrategia de lectura por párrafos. Aquí también vuelas sobre las líneas, pero lees el principio y el final de cada párrafo con más atención.

**Técnica de salto**

Dado que, de todos modos, nuestros ojos apenas pueden moverse con fluidez por sí solos, la técnica del salto es una buena forma de leer con más eficacia[3] . El objetivo es minimizar la cantidad de enfoque que tienes que hacer por línea para captarla.

En primer lugar, elige la distancia al texto de modo que puedas captar varias palabras con un solo enfoque. Es útil colocar el primer punto de enfoque no exactamente al principio de la línea y el último antes del final real de la línea. El objetivo ahora es ser capaz de leer una línea con dos o tres fijaciones. Para entrenarte, puedes, por ejemplo, dibujar líneas rectas a través de la página con un lápiz, si no quieres hacer esto, o se recomienda como ayuda adicional la llamada ayuda a la lectura. Coge un objeto fino y alargado y dale golpecitos en la página donde quieras centrarte. Un palillo chino, por ejemplo, puede servir como ayuda muy sencilla para la lectura.

---

[3] Cf. Tony Buzan: Lectura rápida. Lee más rápido, comprende más, retiene mejor. 6.ª ed. Múnich: Wilhelm Goldmann Verlag 2007, p. 66 y ss.

## Lectura rápida

La lectura rápida aumenta tu velocidad general de lectura. Lee siempre un poco más rápido de lo que lo harías solo. De nuevo, la ayuda a la lectura es útil en este caso, ya que facilita la coordinación de tus ojos.

Es casi indispensable. Además, es muy recomendable entrenar con la ayuda de un metrónomo. Puedes encontrar este tipo de metrónomos de forma gratuita y digital en Internet o como aplicación.

Ahora deslízate sobre las líneas de este compás con tu ayuda de lectura. Siempre puedes empezar una nueva línea cuando suene el metrónomo. Aumenta el tempo con el tiempo. Existe incluso un método especial de entrenamiento en el que ajustas deliberadamente el tempo del metrónomo mucho más alto de lo que aún puedes entender el texto. Esto crea un efecto como si estuvieras conduciendo por una autopista. La velocidad en la ciudad, que te parecía rápida antes de salir de la autopista, de repente te parece mucho más lenta. Lee durante un rato y luego vuelve a ralentizar el metrónomo. Por ejemplo, puedes releer el pasaje en el que acabas de trabajar. Te darás cuenta de que, de repente, también te resulta mucho más fácil leer rápidamente.

# Diez pasos para tener más éxito en tus estudios

¿Qué es lo que debes sacar en claro de este libro? Aquí tienes un plan de diez puntos que te llevará a una rutina diaria de estudio más equilibrada.

- Piensa en tus estudios como en tu trabajo y toma decisiones meditadas.
- Crea hábitos y rutinas realistas en lugar de recurrir a soluciones rápidas.
- Establece un espacio de trabajo que te convenga y

que utilices principalmente para tus estudios.

• Haz planes de trabajo y aprendizaje con objetivos concretos y realizables a tiempo.

• Siéntate en primera fila para aumentar tu actividad.

• Hazte preguntas cuando abordes un tema.

• Crea un repaso de aprendizaje para estar preparado antes de que tengas que estar a última hora.

• Haz contactos relacionados con la universidad y encuentra personas afines.

• Trabaja con la técnica Pomodoro y prémiate.

• Utiliza estrategias de aprendizaje y lectura y adáptalas a tus mecanismos.